厦門老照片

洪卜仁　主编
陈亚元　洪明章　副主编

厦门大学出版社 XIAMEN UNIVERSITY PRESS
国家一级出版社
全国百佳图书出版单位

洪卜仁

洪卜仁，祖籍福建惠安县，1928年生于厦门，编审。先后任厦门市地方志编纂委员会办公室副主任、厦门市社科联副主席、厦门市政协文史委副主任。现为福建省文史研究馆馆员、厦门市政协特邀研究员、厦门大学人文学院兼职教授。长期从事厦门地方史研究，主审《厦门市志》（2004年版）；主编、副主编、主纂各类志书、资料汇编、专著六七十部，仅主编《厦门文史丛书》，已出版26个专题分册。曾两度荣获全国政协文史与学习委员会颁发的荣誉证书，个人履历被收录《中国当代历史学者辞典》、《中国当代方志学者辞典》。

陈亚元

陈亚元，出生于1955年8月，福建厦门人。自1985年开始收藏历代古钱币，1990年在厦门市工人文化宫举办个人钱币展，并在部、省、市级报刊上发表近百篇文章。目前，主要收集福建、厦门地方银行货币及钱庄票，尤其对厦门的纸币、明信片、侨批感兴趣。2004年8月12日，厦门电视台特区新闻广场及“闽南通”栏目予以专题介绍。与陈国林合撰的《厦门货币图录》，收入厦门市政协“厦门文史丛书”。现为亚洲钱币学会会员、福建省钱币学会会员、福建省收藏家协会理事兼厦门分会副会长、厦门市钱币学会常务理事。

洪明章

洪明章，台湾省屏东县人。自2001年开始从事有关两岸民俗文化的历史实物收藏和展览工作，十几年来在海峡两岸收集保护民俗文物十多万件，并陆续开设了 “海峡两岸”、“百年鼓浪屿”、“老厦门故事”、“厦门园博苑海峡民俗文化馆”、“中国永定初溪土楼博物馆”、“永定虎豹别墅侨乡博物馆”、“福州涉台楹联博物馆”、“闽台古镇”等十几个展馆及景区，受到各界好评。现任福建收藏协会名誉会长、泉州闽台缘博物馆研究员、厦门市民俗协会副会长。

目录

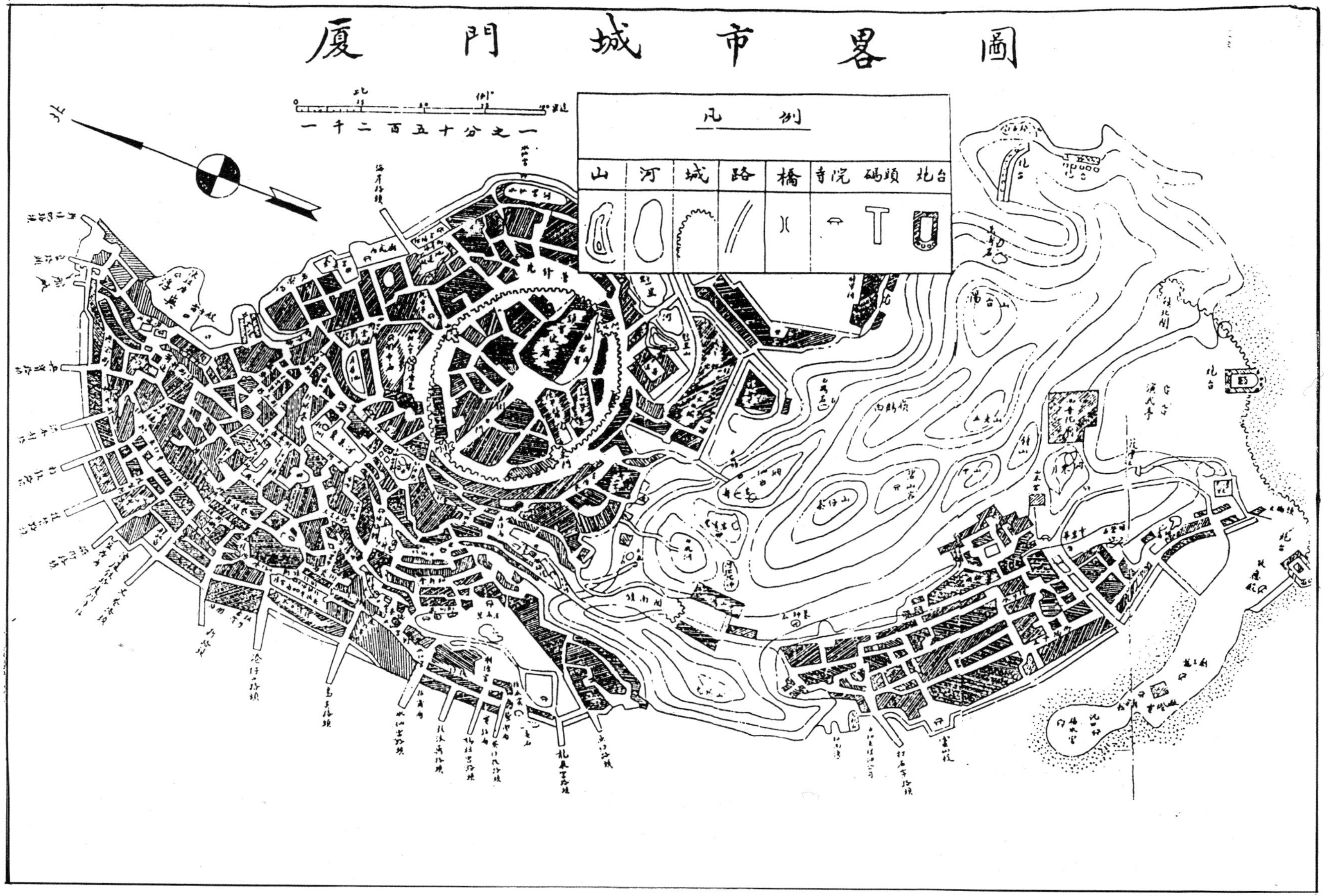

20世纪20年代初厦门市城市略图

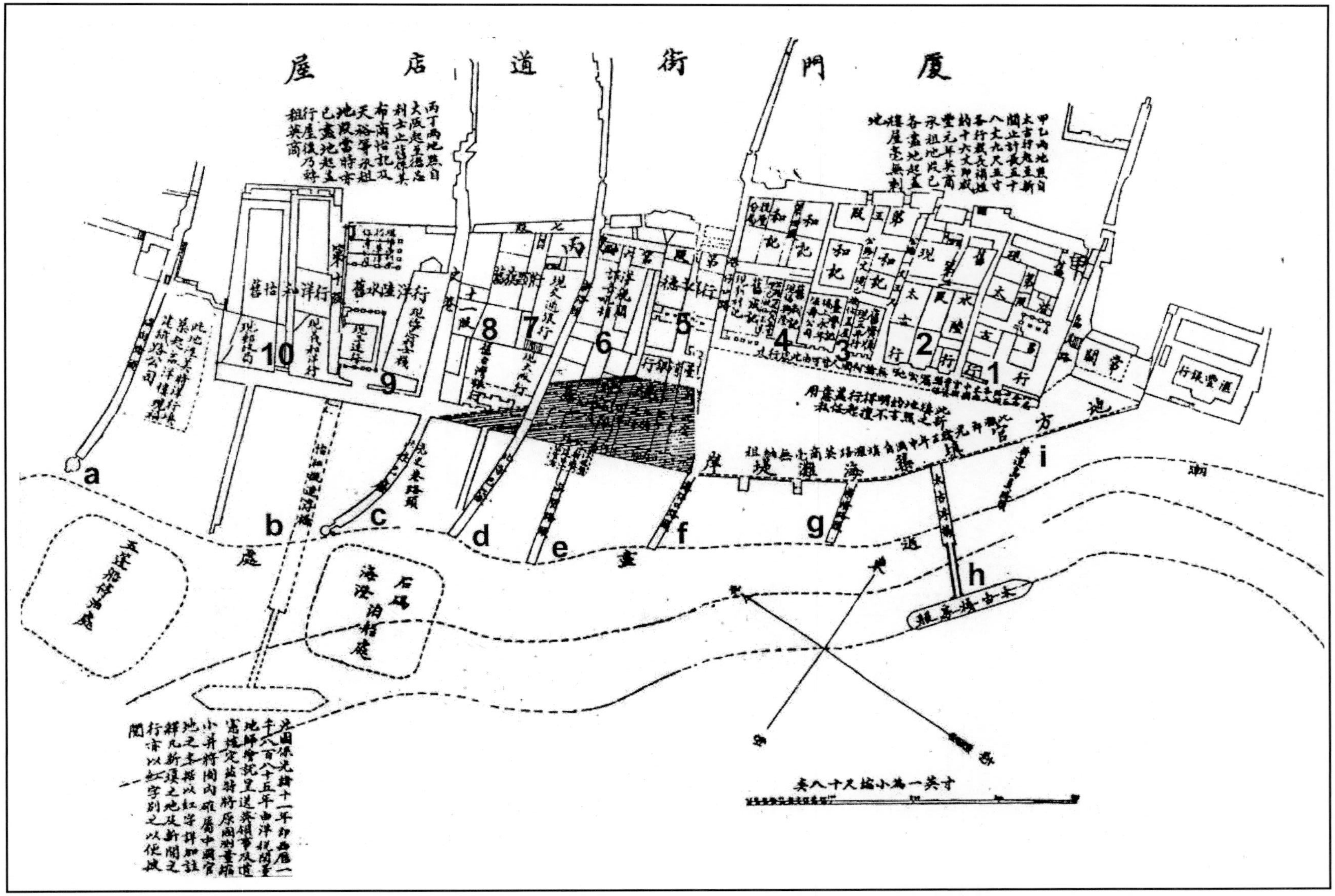

厦门海后滩全图

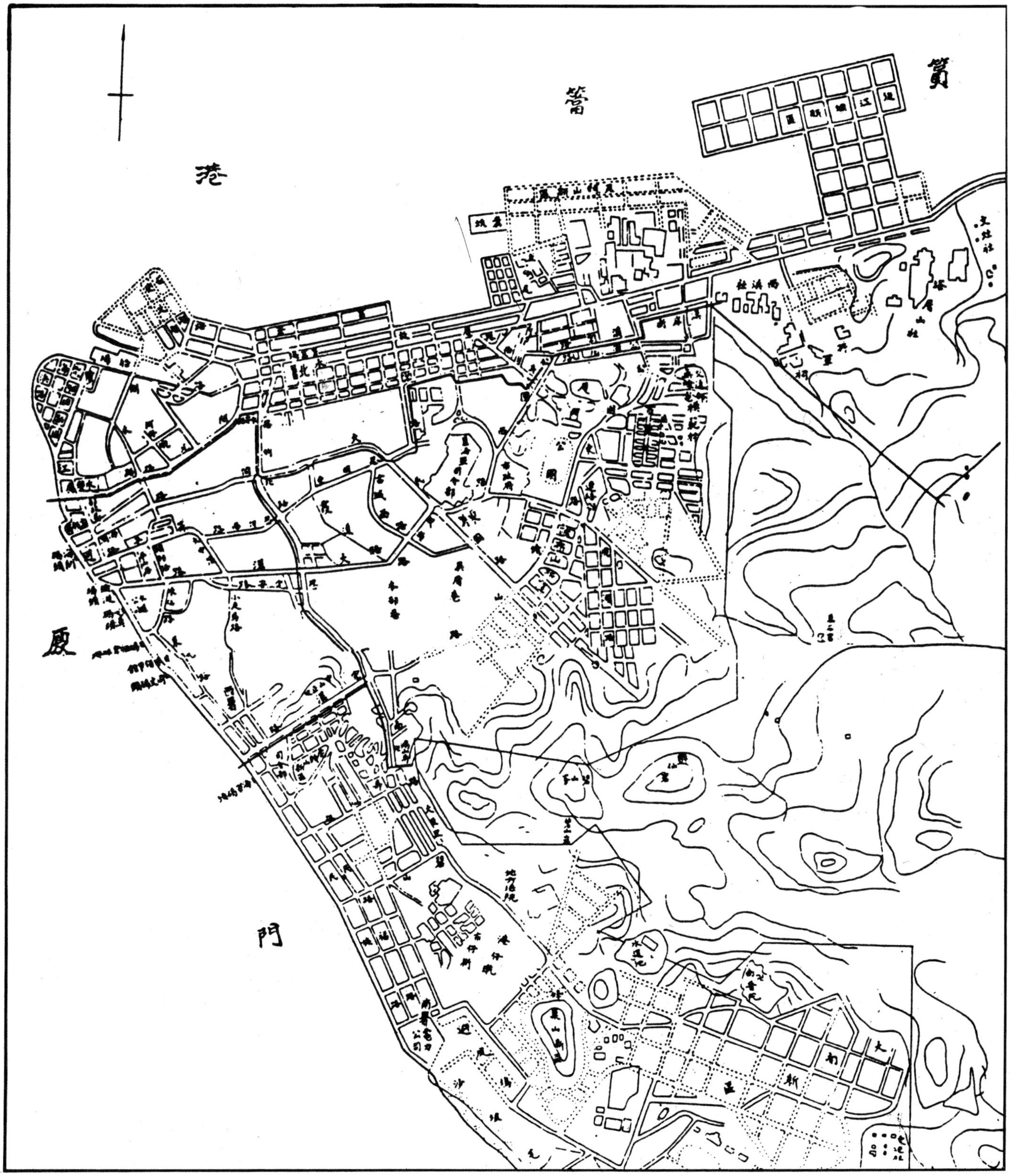

20 世纪 30 年代初厦门市区街道图

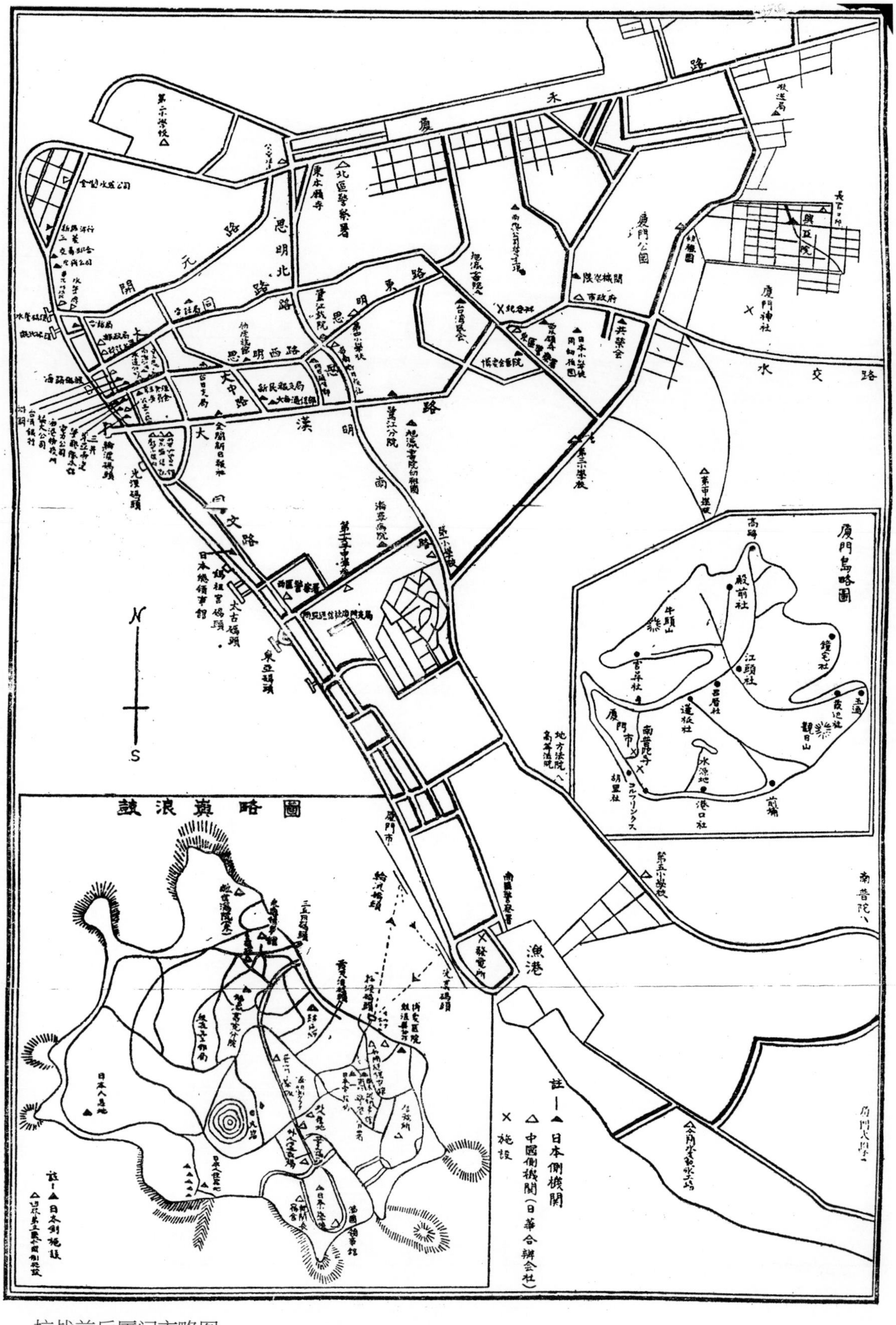

厦禾路
開元路
思明北路
思明東路
思明西路
大同路
大中路
大漢路
同文路
北區警察署
東本願寺
廈門公園
興亞院
市政府
兵營
廈門神社
水交路
日本總領事館
太古碼頭
東亞碼頭
南區警察署
發電所
漁港
第五小學校
南普陀
廈門島略圖
高崎
殿前社
牛頭山
江頭社
觀日山
廈門市
南普陀寺
水源地
港口社
前埔
鼓浪嶼略圖
註—▲日本側機關
△中國側機關(日華合辦会社)
×施設

抗战前后厦门市略图

回望老厦门

洪卜仁

厦门碧海环抱，四季如春，是中国东南海上一颗熠熠闪光的明珠，一座享誉中外的“海上花园”城市。它背靠漳州、泉州平原，频临台湾海峡，与金门一衣带水，与台湾本岛、澎湖列岛隔海相望，是中国对外贸易的重要口岸，侨、台、港、澳同胞出入祖国的主要门户。

厦门港得天独厚，港阔水深，不冻、少雾、少淤，避风条件好，万吨巨轮终年畅行无阻。自 16 世纪以来，就以优越的港口为中外的旅行者和商人所熟悉。

历史上的老厦门，由厦门本岛、鼓浪屿岛和附近的几个小岛组成，面积 110 多平方公里。

相传古代常有成群的白鹭栖息于岛上，因此厦门别称“鹭岛”。三千多年前的新石器时代晚期，已有古闽越族人在岛上生活。唐朝中叶，汉族人陆续从福建内陆迁徙入岛，开始了有文字记载的历史。宋朝太平兴国年间，岛上出现一茎数穗的水稻而被称为“嘉禾屿”。“嘉禾”成为厦门岛上的第一个地名。此后到中华民国建立的八九百年间，厦门一直隶属于同安县。

明初，太祖朱元璋派江夏侯周德兴在岛上建城寨设卫所。洪武二十七年（1394 年），城寨建成，命名为“厦门城”。从此，厦门这个地名载入史籍文献。清军入关后，郑成功以厦门、金门作为“抗清复明”、“驱荷复台”的根据地。永历九年（1655 年）4 月，郑成功将厦门改名“思明州”。“思明”作为厦门的别名，相袭沿用至今。

明朝实行海禁，但随着农业、手工业的发达，商品经济得到较快的发展，民间冒险“私造巨舶，岁出诸番市易”，厦门附近的浯屿、嵩屿、海沧、高浦、后溪、刘五店、澳头等偏僻港口，是当年海上对外贸易的活跃地区。

随着15世纪和16世纪之交的“地理大发现”，欧洲的葡萄牙人、西班牙人和荷兰人相继来到亚洲，寻求新天地。荷兰人从厦门得到茶以后，就首先将茶介绍到欧洲去。厦门作为“中国第一个输出茶的港口”，名闻遐迩。17世纪初，英国人也涌了进来。

明末清初国内改朝换代的民族战争，给中国社会经济带来严重的破坏，而厦门却因为郑成功采取鼓励对外贸易政策，出现了与国内其他地区不同的繁盛景象，每年都有几十艘大帆船到日本和东南亚贸易。

康熙十九年(1680年)，清朝廷废思明州，恢复厦门旧名。康熙二十二年(1683年)八月，台湾纳入版图，形成全国统一的局面。清王朝将厦门与台湾置于同一行政区划，设“台厦兵备道”统一管辖台湾和厦门的军政、经济、文化事项，并于第二年设立海关，正式开放厦门为对外贸易港口。远洋贸易促进造船业、航运业和土特产、手工业的发展，外地，尤其是闽南各县人民大量迁居厦门。到了雍正、乾隆年间，厦门港中舳舻罗列，数以万计。

商业为封建城市的发展提供平台，而航海贸易是厦门发展的重要推手。漳、泉一带农业经济作物和手工业品，通过集镇汇运厦门，转贩国内外市场；从厦门进口的商品，又是通过漳、泉集镇销售给消费者。就这样，厦门与漳、泉腹地结成经济网络，成为联系福建南半部商品市场的枢纽。雍正五年（1727年），清朝廷把原来设在泉州的“兴泉兵备道”衙门移驻厦门。1734年，增加永春直隶州，改称“兴泉永兵备道”。这是个省级政权派出的机构，其管辖范围包括两个府一个州，即：兴化府（今莆田市、仙游县）、泉州府（今泉州市、晋江市、石狮市、南安市、惠安县、泉港区、安溪县与厦门市的六个区以及台湾当局管辖的金门县）、永春州（今永春、德化、大田三个县）。“兴泉永兵备道”衙门的移驻厦门，表明厦门已成为福建南部政治、经济、军事、文化中心。

自康熙年间至鸦片战争爆发的道光二十年（1840年），政局相对稳定，厦门的社会经济得到较快的发展，岛内已有街巷30多条，村庄130多个，人口16万多人，其中农村约10万人，城镇约6万人。

鸦片战争后，厦门是《南京条约》被迫开放的五个通商口岸之一，于1843年11月2日开埠，比上海早半个月。开埠后的厦门，航运和国内外贸易的控制权逐渐丧失，一步步沦为半殖民地半封建社会，导致经济一蹶不振，许多人被迫离乡背井到台湾，或远渡重洋到东南亚国家和地区谋生。

辛亥革命结束清朝的统治。民国元年（1912年），厦门与大、小金门岛从同安分出设立思明县。1915年元旦，大、小金门岛从厦门分出设置金门县。

20世纪初，厦门已经有了电灯、电话、电报，到了20年代，厦门地方人士倡设“市政会”，进行大规模的城市建设，扩展市区面积，兴建街道、楼房、商铺、货栈、码头、市场、公园、公共汽车、自来水公司，改变了厦门城市面貌，商业鼎盛，经济繁荣。厦门的近代化城市建设，吸引了许多华侨和国内企业界人士在厦门投资工商企业、房地产业、交通和公共事业。泉州、漳州各县的侨眷、侨属被接到厦门买房定居。长期的入超仰赖侨汇的挹注，市场也因为有华侨频繁进出的消费和侨眷侨属的购买力而复甦，重现繁荣景象并带动金融、航运、建筑、食品工厂等相关行业的兴起发展。

1935年，国民政府行政院通过在厦门设市的决定，4月1日正式成立厦门市政府。厦门成为福建省的第一个市，比省会福州1946年设市早11年。

1938年5月13日，日本军队攻占厦门全岛，烧杀掳掠，罪恶滔天。在长达7年3个多月的沦陷岁月里，日本导演的南京汪伪傀儡政权，将厦门升级为所谓中央直辖的伪厦门特别市政府，其行政区域包括如今的金门县和龙海市的浯屿。期间，厦门遭受敌人的严重破坏，满目疮痍，社会经济凋敝。

1945年8月，日本无条件投降。抗战胜利，国民政府恢复厦门市建制，10月4日重新成立厦门市政府。厦门人民还来不及医治战争的创伤，内战就爆发了。国民政府滥发钞票，物价如脱缰的野马，飞涨不止，向来工农业生产落后的厦门，经不起通货膨胀的冲击，一向繁荣的商业市场也黯然失色。

1949年10月1日，中华人民共和国诞生。10月17日，厦门人民迎来了解放，21日厦门人民市政府宣告成立。从此，厦门历史掀开了崭新的一页。

Harbor Scense

第一章 Chapter 1

港口风貌

厦门港位于中国东海与南海之间，地处东北亚至东南亚的交通要冲，是中国北起浙江宁波，南至广东黄埔几千公里海岸线上唯一的深水港，岸线总长192.4公里，港宽水深浪小，终年不冻少淤，万吨巨轮进出港不受潮水限制。

厦门是个古老的港口，千年前的五通古码头，遗址犹存。史书记载，清雍正至乾隆的70年间，厦门“港中船舻罗列，多至万计”，同治元年（1862年），有394艘船、129677吨向海关申报入港，多数是帆船。1870年的统计，进出厦门港的外轮557艘，223133吨，出口船只551艘，225608吨。清末至民国年间，岛上有码头20多处，每天有数十艘来自周边各地的大小帆船和汽船川流不息。抗战前二三年，也就是20世纪30年代中叶，每年有约2500艘次的船舶进出厦门港，其中国际航线的船舶约840艘次。

这一组老照片，展现近代厦门港口繁忙的冰山一角。

五通古渡口位于厦门岛东北端，与同安刘五店隔海相望，为南宋迄民国时期（长达七八百年）厦门与内陆之间的水上交通要道。相传南宋最后一个皇帝仓皇南逃，即从这里登上厦门。清代为福州、泉州至厦门的官渡口。1774年有十多位经厦门到台湾任职的官员捐资在此重建路亭。其延伸至海的大石坡上有四行台阶，至今犹可靠泊小木船。前几年，在五通古码头附近新建五通海空联运码头。

筼筜港盛产鱼、虾。入夜，渔船成群结队点燃灯笼在港中捕捞，点点灯火在夜中飘忽，形成景色别致的“筼筜渔火”景点，为旧厦门“大八景”之一。图中的石塔原在筼筜港靠近埭头社的海面。20世纪70年代，海堤围垦筼筜港，仅留小面积水面为“筼筜湖”，其余填成陆地。石塔现位于湖明路，是筼筜港“沧海桑田”的物证。

厦门市区一览

1905年一位丹麦人拍摄的厦门港照片，港内停靠着好多横洋过海的中外船只和星罗棋布的载客小舢板。岸边的厦门民居辐辏密集，货栈、码头宛然在目，西北部猴屿隐约可见，而海沧一带则一片烟波迷茫，照片再现当年厦门港繁忙的景象。

1908 年 11 月的厦门濒海街道。图中的大牌楼是为庆祝慈禧太后寿辰及欢迎美国舰队而设置的。

1890—1920 年间的厦门“海关口”（前厦门海关大楼前）停泊着许许多多大小船舶。

1899年拍摄的厦门海关大楼和海关码头

厦门海关及其验货场所

民国初年的邮政局和运载邮件往返于厦鼓间的小木船

民国初邮政局和邮政码头

民初的鹭江两岸景观，港中航行的有轮船也有小舢板，筼筜港清晰可见，鼓浪屿上洋楼林立。

20世纪20年代的鹭江两岸(局部)

20世纪20年代厦港一带鸟瞰

从虎头山俯视厦门

20世纪二三十年代，厦门港内经常停泊着来自国内外各商埠港口的轮船。

20世纪上半叶，厦门市西南部一隅，筼筜港清晰可见。

1919年英商太古洋行侵犯我国主权，在海后滩英租地强行建造码头，架设飞桥，其地点在今海后路和中山路交叉处的华联商厦大楼附近。

20世纪30年代初兴建太古码头（今和平码头）的场景。码头建成后，可同时停泊两艘三千吨级的轮船，改变轮船停泊海中客货过驳局面，客货直接从引桥上下轮船，较安全又省时。

日本侵占厦门期间的太古码头，抗战前那种繁华景象难得一见。照片拍于 1940 年。

20世纪20年代末30年代初填筑海滨堤岸，分为五段填筑，图为从磁街码头至妈祖宫码头的第三段施工情景。

今天的鹭江宾馆、华联商厦以至海滨公园一带，1930 年以前还是一片泥滩，1929–1932 年间，在这一带进行填土石筑成长达三里许、总面积 1.5 万多平方米的堤岸，共花了工程费二百多万银元，这组老照片是当年填筑堤岸情景和初建成的鹭江道风貌。

20世纪40年代的鹭江道水仙宫码头，川走厦鼓间的客货小舢板多停靠于此。

舢板是厦门与鼓浪屿之间客货运输的主要交通工具，这张照片拍摄于1921年。

近代厦门港由于进出港口的轮船数量逐年增加，港内码头泊位十分有限，因而在装卸方式上采用以驳运为主的锚泊作业。

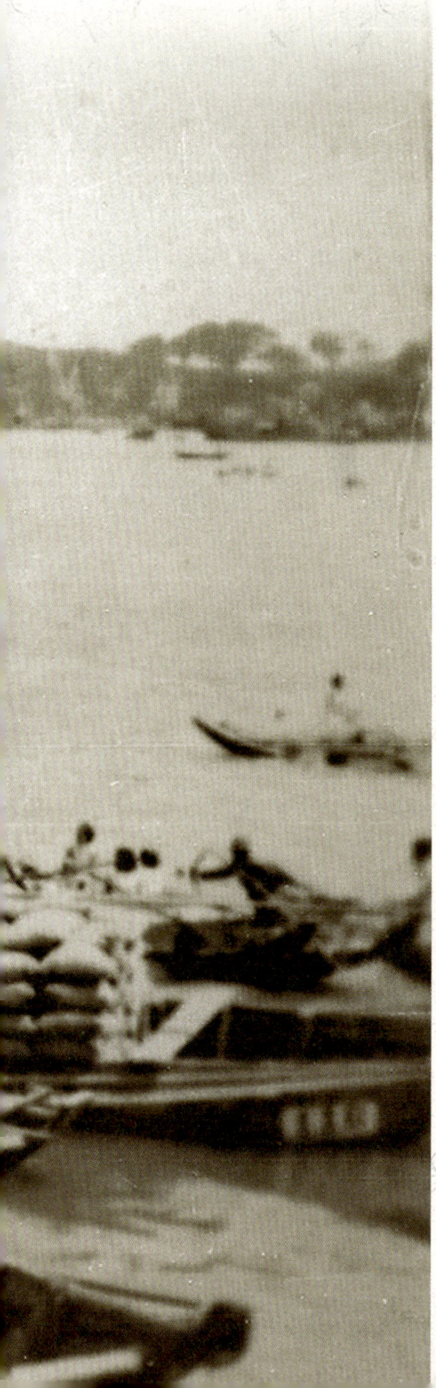

毗邻水仙宫码头的
岛美路头，是鹭江堤岸
筑成前沿岸最大的码头。

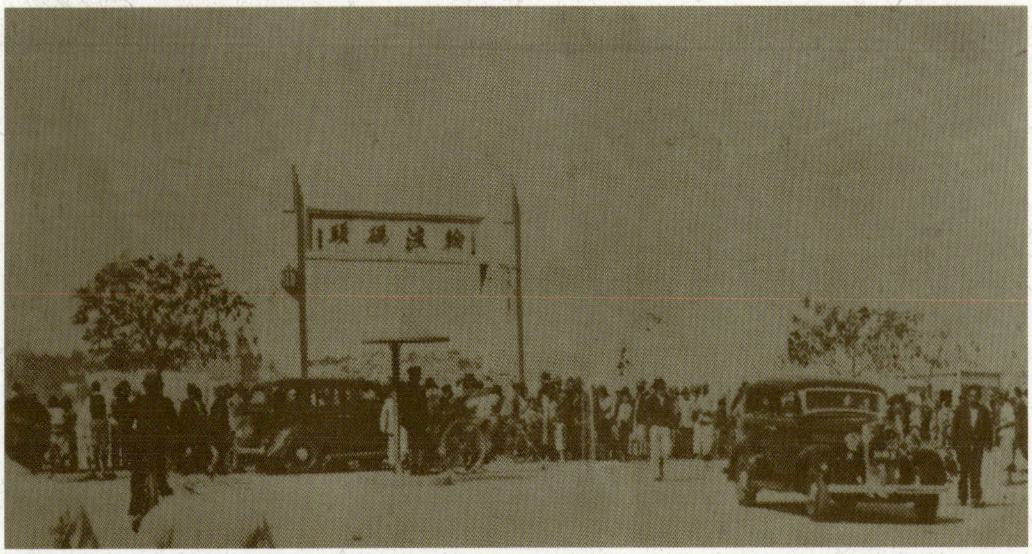

1937年7月1日，在今中山路、鹭江道交叉口新建的轮渡码头落成首航，码头岸边参观的人群川流不息，有政府官员，也有平民百姓。

“离厦门海岸之某处，有一帆船于夜间涨潮时抛锚过宿；翌晨退潮而船乃搁浅于岩礁，将船高高悬空。尤其奇者，船身一半固在礁岩上，一半却完全临空，而船不坠海，其中心正得其平，亦晚近海之一奇迹也。”

这张照片原先刊载于上海《申报》，以上说明亦引自《申报》。

抗战前航行于厦门与马
尼拉间的招商局“海享轮”

抗战胜利后招商局国内航线的客货船“海厦号”

Urban Thoroughfares

第二章 Chapter 2

市容街景

清代中叶，厦门已经是个『近城烟雨千家市，绕岸风樯百货居』的城镇；『市肆繁荣，乡村绣错，不减通都大邑之风』。

20世纪初，厦门原有的旧城区地狭人稠，与日益发展的社会经济已不能相适应。1920年，各界人士组成市政会，筹划改造旧城区和开发新市区事宜。

旧城区改造和新市区开发首先从辟马路、整市容着手。自1920年到1933年间，开辟大小新区50多个，兴筑开元路、大同路、中山路、思明东西南北路等大小道路90多条，总长40公里，新建楼房鳞次栉比，形成了近代厦门市区道路网络和商业区统一的列柱式骑楼建筑风格，市容市貌焕然一新。

这一组老照片，重现20世纪二三十年代厦门商业区具有南国情调的市容街景。

明初兴建、清初重修的厦门城于1928年厦门旧城区改造时被拆毁。这张老照片上的古城北门现在也已消失，只留下北门外街的地名。

清代设在厦门的福建水师提督衙门

1925年6月，在福建水师提督原址设立“海军闽厦警备司令部”，1927年12月，又改组为“厦门港要塞司令部”，厦门人习惯称这一带为司令部口。中华人民共和国成立后，这里曾是工人文化宫，现为厦门市公安局办公大楼。

厦门老城区改造前的“马房口”街道（今公园南路玉滨城一带）。图中有围墙铁门的民宅是雕塑家黄燧弼的故居，他曾于20世纪30年代初设计了厦门第一座城市雕塑“中山公园狮球”。

厦门老城区改造前的司令部口“衙口街”南段原貌，今为新华路新侨饭店一带。

昔日从厦门岛西南部的城区到厦门港，得取道鸿山、麒麟山之间的镇南关。由于山丘岩石的阻隔，步履艰难。1926年鲁迅先生任教厦门大学期间，每到厦门市区，都得走这条山路。厦门改造旧城区时，将镇南关挡路的小丘炸掉，开辟今思明南路，1931年竣工。图为开辟前的镇南关山路，两边的大树俗称“八公树”，相传清光绪年间厦门海防同知八十四（姓名）常令犯人到镇南关道旁植树以赎罪，久而久之，夹道成荫。

20世纪二三十年代的旧市区，望衡对宇，居民住宅大多是古式平层，左图中突出的那座高层建筑是当年的钟楼，位于今公园西路。

开元路是厦门第一条马路，1920 年开始规划测量，12 月动工，全长 700 米。路面仿英国“麦加顿”式，两旁为带骑楼的商住楼房。1926 年改铺水泥路面。它是厦门最先兴建的马路，所以取名开元路，当年市民也称它为新马路。

大同路始建于 1926 年，1929 年 5 月建成，全长 1093.6 米，宽 9.2 米，是 20 世纪三四十年代厦门最繁华的街道，百商云集，顾客盈门。文革时期，改名人民路，1979 年复名大同路。

中山路1928年6月始建，自厦门古城南门旧址起至岛美路头止，全长893米，宽15.2米，1929年竣工。日伪时期被改名大汉路，“文革”期间更名东方红路，1979年10月恢复原名。

抗战前中山路与思明南路交汇的十字街头繁华景象，图右：警察在岗亭指挥交通。

图为大同路西段，起自镇邦路、大同路、横竹路岔口，往西至海后路大千旅社。老厦门最著名的同英绸布店就在大同路、横竹路口。

图为大同路中段，起点与上图相同，朝东至思明北路口，著名百货大商场南泰成、永康成都在这路段，图中的中原参行与大元路隔路相望。

鹭江道是1927—1931年在填筑堤岸的基础上兴建的，从船坞（原厦门造船厂）沿着堤岸直到晨光路，全长1562.9米，是厦门港口客货运输的主要通道。

鹭江道上经营侨批和汇兑业务的商号

大中路全长 0.38 千米，宽 9.1 米。原为郑成功屯兵厦门期间将士骑马大道中的一段，俗称大走马路。

思明东路于 1926 年 5 月动工，翌年 9 月竣工，全长 380 米，路面宽 15.2 米。照片上“女医师方芝英妇幼医局”的方芝英女医师，比林巧稚早几年毕业于北京协和医学院。

中华路自旧漳厦海军司令部至霞溪路、桥亭街口，全长 220 米。厦门古城的南门位于路的中段“南寿宫”。20 世纪 80 年代，中华路并入中山路。

思明南路的大生里段，是早年厦门市区通往古刹南普陀寺和最高学府厦门大学的必经之道。

“大生里”的路名来自于这路段的东西两侧并列的三层楼房，是由大生公司投资兴建的，以公司名为地名。这里抗战前一度为红灯区，抗战胜利后曾成为申请复员回东南亚侨居地的华侨临时收容所。临解放时还做过国民政府闽南师管区管理新兵的场所。

思明南路由思明电影院经大生里延伸至南普陀寺。1928年11月始建，全部路段于1931年竣工，全长3313.4米。

民国路即今新华路，分两段施工，西段于1926年4月动工，翌年9月竣工；东段于1932年竣工，两段路全长873.8米。厦门海军医院曾设于东段即今华侨大酒店一带。

思明北路，始建于 1927 年 7 月，翌年 6 月竣工，全长 435.9 米，右图的“清闲别墅”是 20 世纪 30 年代厦门最早的休闲场所，也是当年市区的坐标，又曾是厦门机器工会会所。解放后厦门市图书馆以它为馆址十多年。

思明北路清闲别墅

1931年竣工的升平路全长350米，昔日银行、银庄、侨批馆局大多开设在这条街上。厦门人曾称这条路为“银行街”。

1917年拍摄的镇邦街，俗名“港仔口”，厦门旧城改造前商业大户多聚集于此街。

抗战前的中山路、镇邦路分岔口，商店密集，门庭若市。

1931 年竣工的镇邦路，全长 366.6 米。街上有一家“振华皮鞋店”在人行道的天花板上挂了一双约 2 米长的大皮鞋，十分引人注目。黄奕住开设的“黄日兴钱庄”也设于这条路上。

公园西路始建于 1927 年 12 月，翌年 10 月竣工，全长 548.6 米，宽 6.1 米。文革期间被改名红旗西路，1979 年 10 月 1 日复名。

公园西路中段的钟楼，曾是抗战初期的防空警报台，现钟楼已被拆毁，但厦门人还是将这一带称为“钟楼脚”。

风动石上的中文

风动石原在外清山麓，旧名“倒抛狮”的地方（即今第一医院背后山坡）是厦门往昔“大八景”、“小八景”之外的“景外奇景”。清光绪三十四年农历二月二十日（1908 年 3 月 22 日）被一群登岸游览的德国水兵推倒。石头上的“风动石”三字，为当年兴泉永兵备道刘庆汾所题；英文字谁写的，有待考证。

风动石上的英文

“将军祠”一带原有多座明清时代的石碑坊，其中有纪念清初“威略将军”吴英和福建水师提督施琅、施世骠的碑坊及将军庙。清咸丰年间闽南小刀会起义军攻占厦门时，拆毁施氏父子碑坊。吴英和其他人碑坊于日军侵占厦门期间被夷为平地。

厦门中山公园1926年开始规划，1927年秋始建，1931年竣工开放迎接游客，全园四周各有一座大门，以东、西、南、北命名园门。这张照片为南门（三连牌楼三法圈式），宽19.6米，高14.3米，雕镂精致，十分壮观。日占时期，中山公园被改名为厦门公园。“文革”期间，中山公园遭人为破坏，南门和大部分设施被夷为平地。“文革”后重建南门和醒狮球等景观。

中山公园南门内镌刻有中山先生《建国大纲》内容的纪念牌。

位于中山公园南门右侧水池上的“醒狮球”，是厦门史上的第一座城市雕塑，作者为厦门美术专科学校首任校长黄燧弼。地球仪上那只傲视远方的雄师，形态逼真，寓意觉醒了的中国人屹立于世界的伟大气派。

Bustling Business

第三章 Chapter 3

百业纵览

近代的厦门是闻名遐迩的通商口岸，国内外贸易发达，侨眷和富裕市民的生活消费需求量大，百业兴旺，市场繁荣，尤以金融业、房地产业、航运业和百货、金银首饰、绸布、参茸、电影等行业为最。

从清末到中华人民共和国诞生前夕，厦门的国内外贸易进出口总值几乎都位居福建首位，经济增长较快。大街小巷商业网点密布，有各类商店 5000 多家；金融业的钱庄、侨批信局和银行 200 多家。但工业规模较小，仅有行业不同的工厂 70 多家。店铺商品琳琅满目，街上人群熙来攘往。

这一组老照片，是近代厦门百业兴旺发达的缩影。

成立于 1904 年 7 月的厦门商务总会会所，首届总理林尔嘉。

1932 年落成沿用至 2003 年的厦门商会旧会所，其址在今中山路黄则和花生汤店附近。

1915年5月20日中国银行在厦门设立分号，1921年10月升格为厦门分行，曾在厦门发行印有“厦门”地名的五元、十元钞票。原行址在水仙路，今已改建为海光大厦。

中央银行厦门分行成立于1932年11月20日，管辖漳州、永春、泉州三个行处，行址在海后路。新中国成立后曾经是厦门市总工会会址。

交通银行厦门分行开办于清末，一度停业。1934年10月复业，曾发行印有“厦门”地名的五元、十元钞票两种，行址在升平路。

新华信托储蓄银行厦门分行设立于1934年8月，行址在升平路。

国华银行厦门分行设立于1932年8月，初为办事处，1934年升为分行。行址在海后路。

中国通商银行厦门分行设立于1934年6月，行址在海后路。

1948年，新华储蓄银行欢送副经理升迁至上海总行任职时的合影，前排左五为行长杨迪康。

钱庄是近代银行未兴起前金融业的台柱，经营存款、放款、汇款等金融业务，大钱庄资金雄厚。清末至解放前，厦门有大小钱庄七八十家，最多时近百家，经济不景气年代也有三四十家。钱庄同业公会成立于清末民初，在镇邦路有自建的会所，在全市各行业公会中排名前列。照片为20世纪二三十年代厦门钱庄公会会董的合影，思明县、思明市即今厦门。

商办厦门电力股份有限公司创办于1913年，同年公司第一台300瓦发电机组投产发电。1949年10月16日国民政府军队败退离厦前夕，将厂中发电设备炸毁。

1927—1930年，厦门市区新建马路相继竣工，1929年洪晓春、张镇世等人组建厦门公共汽车公司，自此厦门岛内开始有了公共汽车。

1931年建成的交通部厦门电报局，地址在海后路邮政局斜对面。厦门创建经济特区后，原址被征用改建为中国建设银行高层大楼。

抗战前商办厦门电话股份有限公司，地址在大元路，遗址至今犹存。

20 世纪 80 年代以前厦门电话公司的机房

黄奕住、黄庆元等发起创办的“商办厦门自来水股份有限公司”，于1923年向政府立案正式成立，图为公司在鹭江道建造的办事处。厦门经济特区成立初期曾作为全国首家中外合资银行“厦门国际银行”行址。

厦门自来水公司上李水库，又称曾厝垵自来水池，1925年由德国西门子公司以90万银元中标承建，蓄水池最高容水量2.8亿加仑，可供当年厦门20多万居民9个月的需用。

大同酱油厂创办于1913年，主要产品有酱油和水果、酱菜罐头，厂址在虎头山脚。1927年，大同酱油厂与淘化罐头食品公司合并，改名淘化大同股份有限公司。

20世纪20年代，厦门出现制革手工业作坊。1932年原经营“活源信局”的陈华登在后江埭创办华南制革厂，因其门市部设在“活源信局”内，因此也称为“活源制革厂”。

抗战前建于厦门港沙坡尾的山海制冰厂

清末开设于二十四崎顶的文圃茶行，其产品“文圃茶”是当年厦门名牌商品，畅销闽南、台湾和东南亚闽南华侨聚居区。老板杨砚农，秀才出身，晚年捐官得“通奉大夫”衔，人称“文圃大舍”。杨砚农对世界语在厦门的推广做过贡献。图为1899年厦门茶商杨砚农家的厅堂。

1899年杨砚农与他的三弟幼庭、四弟少庭合影

尧阳茶行址在开禾路，在台湾、香港设有分行，以经营出口外销业务为主，兼营内销。

南洋兄弟烟草有限公司于 20 世纪 30 年代设在厦门大史巷的分公司，厦门分公司主要销售该公司生产的白金龙牌、地球牌等牌号的香烟。

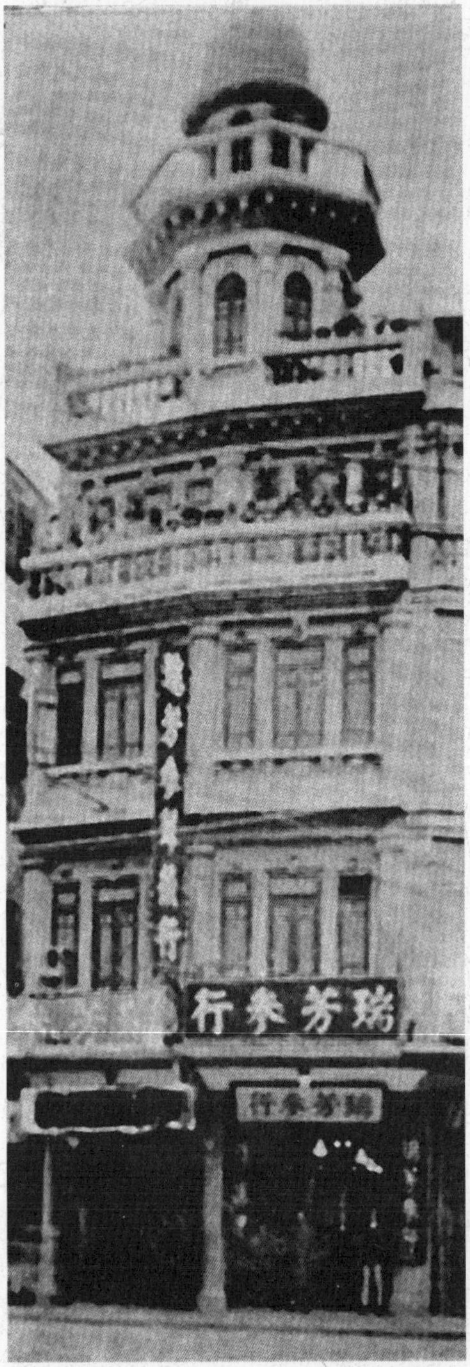

瑞芳参行创建于 1912 年，行址在大同路，主要经营高丽参、鹿茸、燕窝等滋补药。

1929 年在中山路开设的白记药房，经营西药、医疗器械和照相材料，是当年闽南有名的西药店。

虎标永安堂始创于缅甸的首都仰光，创办人为华侨胡文虎、胡文豹兄弟，经营产品有虎标万金油、八卦丹、头痛粉、清快水等中成药。1933 年虎标永安堂在厦门中山路建置高五层三店面的分行大楼。1936 年，胡文虎的“星系”报业在厦门创办《星光日报》，也以永安堂大楼为报社社址。

惠济堂泰记是上海人在厦门开设的百货公司，经营丝绸、布匹、呢绒、哔吱、环球百货。初设港仔口，后迁至新辟的中山路。

惠济堂泰记琳琅满目的商品柜台

慎昌钟表眼镜公司设立于 1928 年，是厦门最早的钟表眼镜店之一。

南泰成环球货品大商场创办于 1921 年，原址在亭仔脚，1931 年迁到大同路。商场共三店面，高三层，经营全球百货。图为楼下柜台营业员售货的情况。

迁至大同路的南泰成经营状况很好，顾客盈门。

思明电影院原称思明戏院，1927 年兴建，1929 年竣工开业，既放映无声电影，又兼演歌舞戏剧，是当时厦门市第一家设备较完善的戏院。1930 年首次演出有声电影故事片，1937 年纪录片《卢沟桥事变》连映 50 余场，创当时厦门单部电影放映场次的最高纪录。日伪时期被日寇占据，改名鹭江戏院。抗战胜利后复名。

开明戏院原在思明北路第四市场旁边，兴建于 1930 年，翌年竣工开业，以放映电影为主，与中华电影院同属于和乐影业公司。

新世界位于厦禾路，今厦门第六中学附近，于1932年2月6日开幕，为当年厦门规模最大的娱乐场所，有电影院、京剧舞台和多种娱乐设施。厦门沦陷前停业。抗战胜利后一度为遣送日俘、日侨收容所。20世纪50年代曾是省立厦门医院院址，后为感光厂厂址。

南星乐园在厦门思明南路，原先演京戏，后放映国产影片，1938年停业。当年厦门仅有三栋楼房安装有电梯，南星乐园就是其中之一。抗战胜利后，一度经营梅花咖啡厅，兼营舞场。

天仙旅社是20世纪30年代厦门最大的旅社之一，开设于中山路和太平路的交叉处。著名爱国民主人士李公仆、著名作家郁达夫先后下榻过这家旅社。

缅甸华侨曾上苑创办的大千旅社，1932年9月12日开业，是当年厦门最大的旅社之一，国民政府主席林森曾下榻此旅社。

厦门的近代化市场属永久性楼房店面建筑。厦门第一市场位于古城东路，1928 年 7 月建成。

厦门第二市场位于溪岸，1931 年建成，历经 60 多个寒暑，于 1993 年拆除，改建高楼大厦。

厦门第三市场位于厦门港碧山路，建成后因租金较高，虽摊位多而租户少，门庭冷落，不久就被废弃。

厦门第七市场在市中心，有两个进出口，一个在大同路“关仔内”，一个在思明东路“傅厝墓”，是老厦门最繁荣的市场之一。图为20世纪30年代第七市场的一隅。

老厦门卖大米的粮店，店家用大竹筐装上不同价格的、来自不同产区的大米，让顾客挑选适合的品种。

20世纪30年代市郊禾山的水牛养殖业

Culture Life

第四章 Chapter 4

文教集萃

厦门是近代中国文化、教育、卫生、体育事业较为发达的地区之一。

清末维新运动前后，厦门已出现幼儿园、小学、中学和职业学校；1921年，爱国华侨领袖陈嘉庚创办的厦门大学正式开学。厦门形成了自学前教育到高等教育的教育体系。

厦门的中医中药源远流长，西医西药的传入开全国的先河。厦门的田径、球类和游泳等体育竞技运动，也都在全省领先。

这一组老照片，是近代厦门文教、卫生、体育事业发展的掠影。

大學全景

著名爱国华侨领袖陈嘉庚创办的厦门大学，筹办于1919年7月，1921年4月6日正式成立，在集美中学举行开学式，翌年春迁入厦门演武场的新校舍。图为抗日战争前的厦门大学全景。

厦门大学一隅

厦门大学群贤楼

厦门中学堂创办于 1906 年 9 月，以原玉屏书院为校址。民国年间，先后改名思明中学、福建省立十三中学、省立厦门中学等，是厦门第一所中学，其校址今为厦门第五中学。方毅、叶飞等革命前辈曾在这个学校肄业，女作家谢冰莹曾在此校任教。照片为 1923 年福建省第十三中学第五届毕业生的合影。

厦门中学堂开学第二周全校师生与来宾合影，原照片由余少文老先生珍藏，其后由他儿子余霖赠送给厦门第五中学校友会保存。

同文书院创办于1898年3月，照片为1922年在望高石畔兴建的新校舍。

1898年3月创办于望高石畔的同文书院全景

厦门美术专科学校创办于1923年，1938年5月厦门被日军占领，停办。该校是抗战前福建省唯一的一所美术专业学校，图为1934年6月迁入中山公园东门内的新校址照片。

1934年厦门美术专科学校艺术专修科第15届毕业生与教师合影

双十中学创办于 1919 年 10 月，起先校名为“双十乙种商业学校”，校址在霞溪仔，校长马侨儒。照片为 1923 年今镇海路的新校址。翌年，校名改为“双十商业中学”，其后改办普通中学。1929 年初定名为“厦门私立双十中学”。

抗战前双十学校全貌

1922年，厦门女校倡导者余佩皋和丈夫庄希泉在厦门创办女子中学——厦南女学，余佩皋任第一任校长。厦南女校提倡讲自由，讲科学，反帝反封建，开展歌舞、戏剧活动，推广普通话，图为厦南女校师生合影。

余佩皋创办的
厦南女学校舍之一

1928 年，菲律宾华侨吴记霍等在厦门创办“福建厦门五通民用航空学校”，置有七架教练机，图为其中的一架。

大同中学 1932 年 1 月第 7 组毕业生合影

大同中学歌咏团合影

厦门国立第一侨民师范学校原设于闽西长汀，1945 年冬迁厦门，校址在曾厝垵。解放战争时期，侨师学生一直是反帝爱国运动的主力军。

1946 年 2 月开办的厦门市立中学，原址在厦禾路。1956 年在原市立中学旧址新办厦门第六中学。

厦门知名文化人陈桂琛于1916年创办的励志女学，1926年在靖山头（今镇海路、新华路交叉处）新建的校舍，占地1.136亩。1952年6月，其遗眷将校舍无偿献给市人民政府作为公产。

全民小学为厦门总商会粮油公会等6个商业公会合办的小学，校址在今公园西路。

1919 年 9 月，在文渊井 21 号设立的厦门图书馆，于 1938 年 5 月日本占领初期被烧毁。

原中山公园西门内的通俗教育社，20 世纪 50 年代改为厦门市文化馆，改革开放初作为厦门市歌舞团团址。

1936 年 12 月 30 日，著名作家郁达夫自台湾乘坐日本轮船“福建丸”抵达厦门，下榻“天仙旅社”，一向穿长袍的郁达夫这回在厦门却是西装笔挺。当天下午，他前往厦门大学参观，第二天上午赴鼓浪屿日光岩拜访高僧弘一法师，下午应邀为文化界和青年学生做题为《世界动态与中国》的报告。1937 年 1 月 2 日清晨离开厦门。图为应天仙旅社主人之邀的合影，第一排居中穿西装者为郁达夫。

1935 年 8 月 10 日，厦门竞强体育会举行游泳池开幕暨全厦游泳大会。邀请香港游泳队前来参加比赛。香港队拥有 1935 年全国运动会和 1934 年远东运动会游泳个人冠军、绰号“美人鱼”的杨秀琼和她的妹妹杨秀珍；绰号“美人虾”参加广东省运动会获女子跳水冠军的伍舜英；1933 年横渡港九游泳比赛个人冠军的方宗宇；第五届全运会男子游泳个人冠军陈振兴等健将。此外，香港队还拥有 2 名 7 岁和 14 岁的儿童运动员。这次大会吸引了四五千名观众，盛况空前，图为杨秀琼等运动员抵达厦门时在太古码头与欢迎人群的合影。

游泳大会开幕前，海军厦门航空处派出“江鹏号”飞机以国旗札花掷落游泳池内。

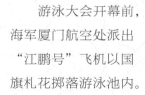

香港女队与厦门女队合影留念

游泳大会开赛前
香港队部分队员留影

1935 年远东大会游泳个人冠军杨秀琼在厦门竞强游泳池前留影

“美人虾”伍舜英的跳水表演

厦门基督教青年会举办第一届象棋比赛时参赛运动员留影

1948年5月，厦门女子篮球队代表福建省参加在上海举办的第七届全国运动会，受挫于上海队荣获亚军。5月20日凯旋荣归时，厦门市体育界假国际联欢社（今中山路中国银行三楼）举行欢迎会。图为队员们在联欢社天台合影，后排居中者为领队郭尚霖。

1928年，厦门大学校长林文庆与地方富绅黄奕住等发起倡办中山医院，1932年12月医院竣工，1933年5月开诊。原址在今妇幼保健医院一带。

抗战前设于今新华路的海军医院

抗战前厦门社会公益团体创办的同善医院

厦门地方乐曲演奏

厦门地方戏剧剧照

Foreign Affairs and Invading

第五章 Chapter 5

外事外侵

1842 年，清政府因鸦片战争失败，被迫与英国政府签订《南京条约》，厦门成为近代中国最早对外开放的五个通商口岸之一，政府与民间的外事活动日益频繁。

然而，在外事交往中，列强利用不平等条约某些条文的规定，滥用特权，进行侵略活动和经济掠夺。抗战初期的 1938 年 5 月，日军的铁蹄踏上厦门，杀人放火、强奸妇女，无恶不作，给厦门人民带来惨痛的灾难。

这一组老照片，仅仅是近百年来外事活动和列强对厦门的侵略和经济掠夺的一鳞半爪。

1858 年英国人创建厦门船坞有限公司的船坞，在今第一码头附近。其后的一百多年间，这里曾经是海军造船所、厦门造船厂厂址。

厦门船坞有限公司拥有一座花岗岩砌成的干船坞，能修造长达310英尺的船只。

厦门船坞公司机器车间拥有车床、冲床、钻床等设备，并有一座长约110英尺的修船船台。

厦门船坞公司的木工车间雇佣了几十个厦门工匠。

1877年，英国洋行擅自在海后滩（现轮渡码头一带）填筑海滩，侵占土地。1918年，英国领事和商人企图进一步霸占海后滩。他们利用闽粤军阀交战，借口保护侨民，调来军舰，并派海军陆战队登陆示威。

20世纪初的海后滩景象

英商亚细亚石油有限公司厦门分公司创办于 1913 年 8 月。图为该公司在厦门打石字（今思明区政府附近）兴建的油库。

英商亚细亚石油公司建于打石字（今思明区人民政府大楼附近）的桥栈

1873 年到 1890 年间，西方列强先后在厦门设立 10 多家银行和洋行。图为英商设在厦门的汇丰银行。

Drukk. Strybol-Vercruyssen, St-Nikolaas (België)
CHINESE OFFICIALS ENTERTAINING PRINCE HENRY OF PRUSSIA.
Amoy
18. December 1900.
Dear Sir,
your nice card
was duly to hand
for which please
accept my best
thanks.
Please do not give
my address to others
because I have no
more cards to
answer.
Yours truly Chĕu Lin

1894 年 11 月 29 日普鲁士王子亨利访问厦门与地方官兵合影。

1896年，日本逼迫清政府签订“公立文凭”，次年，提出在厦门虎头山一带和鼓浪屿设立专管租界，由于厦门人民坚决反抗划界，日本始终没得逞。

1900年9月，日本侵占台湾后设立的台湾银行在厦门海后路设分行，是日本人在厦门从事经济掠夺的金融机构之一。

1901 年日本在厦门海后路设
立的三井物产株式会社厦门出张所

设在厦门海后路的日
本大阪商船会社厦门分部

1917 年日本人在厦门创办的《全闽新日报》举行十周年纪念的合影。

20 世纪二三十年代，日籍台湾浪人在厦门经常制造事端，无恶不作。1923 年因利益冲突与码头三大姓之一的吴姓工友发生冲突，各有死伤，史称“台吴事件”。图为经中日双方地方知名人士调解，达成“和平协议”时的留影。

1908年10月30日至11月5日，清政府在厦门接待美国海军舰队访问中国。清政府派贝勒毓朗、外务部侍郎梁敦彦、闽浙总督松寿、福建布政使尚其亨、海军提督萨镇冰等为接待大臣。图为以贝勒毓朗为首的接待大臣们准备迎接美国海军舰队。

清政府在演武场上用大竹、布棚构筑了一座高约33米（100尺）、宽约65米（195尺）的大牌楼，饰以中美两国国旗和成串的五彩灯泡。

清朝官员在设于演武场的宴会厅内款待由美国海军少将额墨利（W.H.Emory）和石乐达（S.Schroeder）率领的东方舰队官兵们。

1908 年 10 月 30 日至 11 月 5 日，清朝官员每天都有宴请美国舰队官员的安排。

这艘在厦门制造并命名为“厦门号”的帆船，由厦门的一位船娘郭姨和她的丈夫（出生在荷兰的丹麦人）华德驾驶，于 1922 年 5 月 17 日从厦门起航，历时二年余，航程 1.5 万英里，横渡太平洋抵达美国纽约。“厦门号”长 53 英尺，船上除郭姨夫妇外，还有她 9 岁的儿子、2 个雇佣的水手和一只叫“王”的狗。

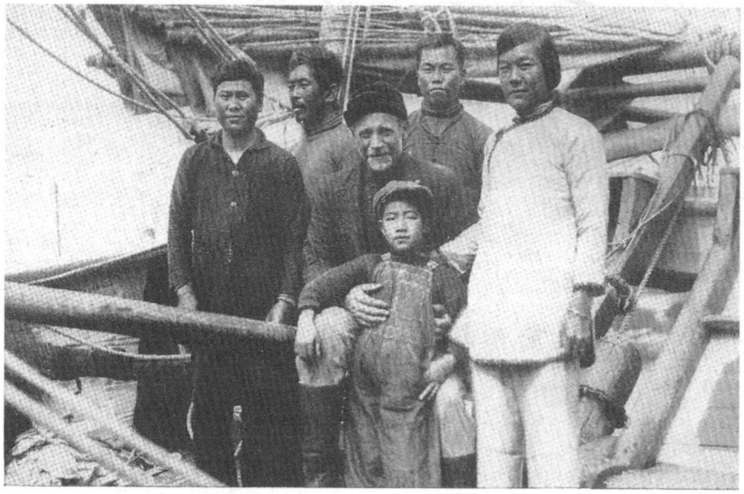

图为“厦门号”船员，中间是船长及其子，右一是船长夫人。

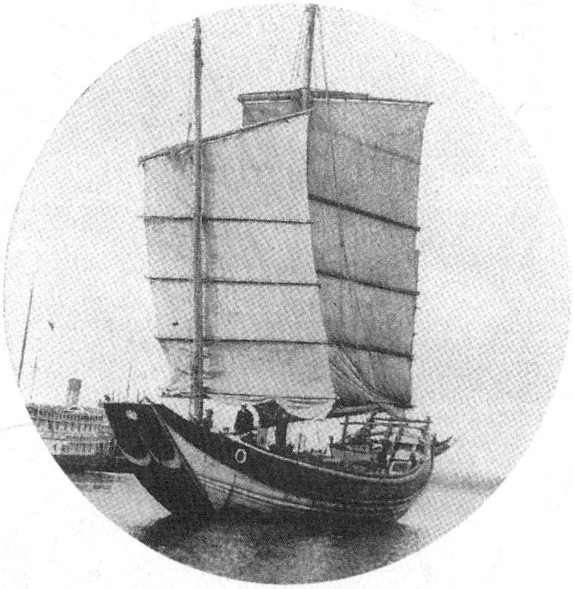

“厦门号”到达加拿大维多利亚市，完成了具有纪念意义的旅行。

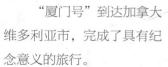

日军登陆地点之一 ——五通浦口

日军登陆点之二——五通凤头、泥金村海岸。

1938 年 5 月 10 日凌晨，日军在飞机、军舰、大炮掩护下，向五通、浦口、凤头、泥金进攻。

日军投掷炸弹

残垣断壁，满目疮痍

日军登陆厦门后的烧杀抢掠，无恶不作。

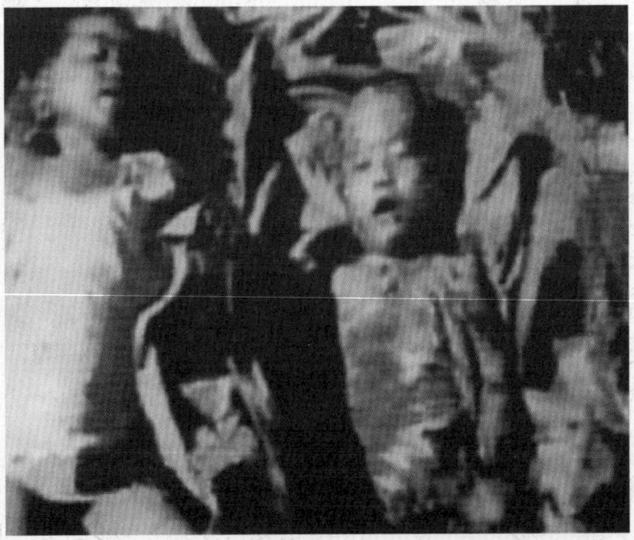

登陆厦门时战死的日军士兵，树块木牌，就地埋葬。

日本占领厦门后，在虎头山设立日本海军根据地司令部，此地是关押、杀害厦门爱国同胞甚多的场所。

厦门沦陷时期，日军强占位于鹭江道的原厦门海港检疫所为日本驻厦总领事馆。日军在厦门期间，这里有关押、杀害厦门人的牢狱。

1938 年八九月间，厦门沦陷初期的思明南路、思明东路，左为思明电影院，右边原是侨办的江声报社，被日军占用改做日伪的复兴日报社。

日军的军用三轮摩托在厦门闹市区横冲直撞。

日本占领厦门期间的厦门轮渡码头，不但能看到站岗的日军，还能看到日伪的便衣警察押着爱国青年走出码头。

厦门沦陷期间，日军与伪市府的警察在轮渡码头搜查过往行人全身。

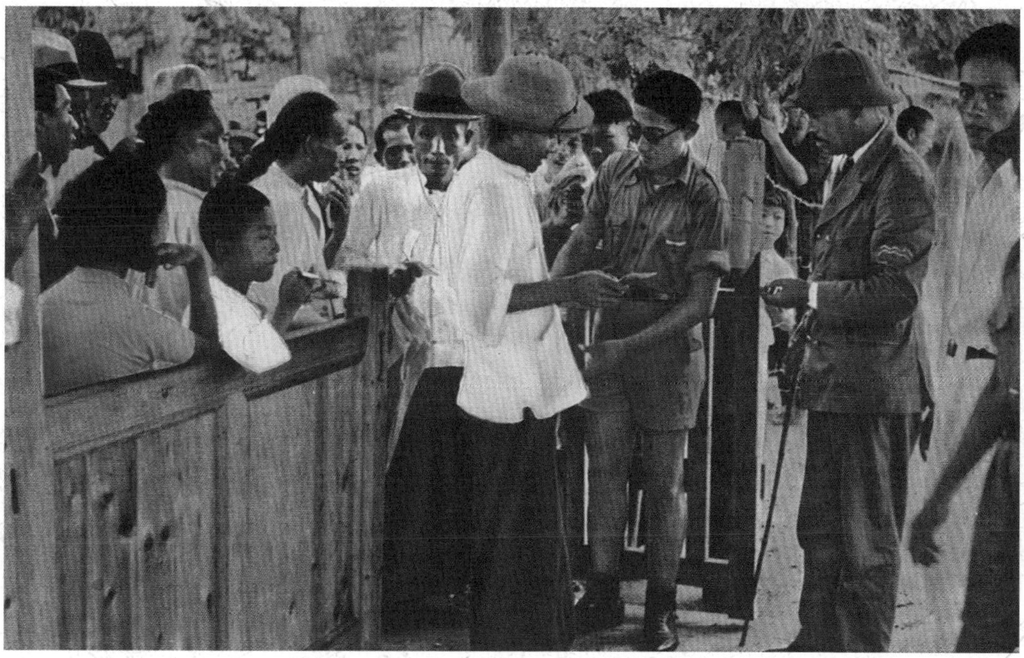

日本侵略军占据厦门以后，实际上已控制了对岸尚称“公共租界”的鼓浪屿。这张照片是1939年5月一艘日军潜水艇正游弋在厦鼓海峡的海面上。

停泊在厦大海面上的日本军舰。

20 世纪 30 年代停泊在厦门港海域的一艘护航驱逐舰波图尼亚号是英国政府赠送中国政府的“礼物”。

波图尼亚号改名伏波号

1947 年，英国太平洋舰队总司令福拉上将乘坐约克公爵号访问厦门。

Patriotic Movement

第六章 Chapter 6

爱国运动

厦门具有优越的地理位置和得天独厚的港口，中华人民共和国成立以前，累受东邻日本和西方列强的侵扰。从明代的驱倭寇、逐红夷一直到近代历次的反抗外来侵略的战斗，厦门人民前仆后继，不屈不挠，谱写了一曲曲英雄的赞歌。

这一组老照片，反映了厦门人民的爱国主义优良传统。

翁俊明夫人和孩子在厦门

1906年，台湾台南县的翁俊明在孙中山民主革命思想的影响下，率先加入中国同盟会，成为中国同盟会第一位台湾省籍会员。二三十年代翁俊明回祖国从事台湾革命运动，在厦门开设俊明医院，作为联络同志进行革命活动的据点。逝后葬于厦门。

大字酒巷的翁俊明故居

辛亥革命推翻清朝统治，成立中华民国。闽南的中国同盟会会员叶独醒、许春草等在厦门聚会的合影。

1919年，英商太古洋行擅自在海后滩建码头、架飞桥，侵犯我国主权，再次引起厦门各界人民的愤怒。厦门总商会、厦门教育会等52个团体联合成立“保全海后滩公民会”，派代表分赴上海等地宣传，并派华侨黄廷元、台胞卢心启两人为厦门的公民代表，前往北京外交部请愿。图为代表出发前与各界人士在商会的合影。

1919年陈嘉庚等创办厦门大学期间，目睹军阀强迫厦门一带农民种植鸦片，征收鸦烟苗捐的罪行，义愤填膺，联络厦门各界知名人士发起组织“闽南烟苗禁种会”。翌年9月17日该会在小走马路基督教青年会举行成立大会，陈嘉庚众望所归被推选为会长。图为成立时全体委员和来宾的合影。前排右四穿西装者为陈嘉庚。

1925年厦门各界在中山公园举行孙中山先生追悼大会。

1925年厦门各界召开孙中山先生追悼会，会后举行游行，图为游行队伍经过镇南关的情景。

1930年5月3日，厦门各界在中山公园集会纪念“济南惨案”二周年。

1931年“九一八事变”日军入侵我国东北，全国人民同仇敌忾，开展“提倡用国货，拒不用日货”运动。照片反映的是厦门人民将破坏爱国运动的奸商游街示众。

1932年9月18日上午，厦门各界人士在中山公园举行日本帝国发动侵略我国东北的“九一八事变”周年纪念大会。

1932年，厦门思明市政筹备处举行“双十节”20周年联欢会。下图为游园活动。

1932 年的厦门美术专科学校学生的抗日救国宣传队

厦大部分师生欢送校图书馆职员秦贤行北上抗日合影

1933 年 2 月，厦大法学院学生李治年、易元动出于爱国热情，自动北上抗日与欢送的师生合影。

1936年，厦门工商界、文化界人士倡办的国货展览会开幕留影

提倡国货委员会成立

中山路惠济堂国货展览大会牌楼

1937 年 7 月 28 日，厦门各界抗敌后援会正式成立，会址设于定安路小走马路口的“保生堂”。后援会成立后，各界爱国人士团结起来，建立抗日民族统一战线，开展轰轰烈烈的抗日救亡运动。

抗战前夕，关心国事的市民在街头阅报栏前阅报。

抗日宣传队下乡

成立于 1937 年 9 月的厦门儿童救亡剧团全体成员合影

1945 年 9 月 3 日抗战胜利后，台湾义勇队在厦门市中山公园举行（全国首次）庆祝台湾光复大会的盛况。

1946 年 10 月 16 日，厦门市商会欢迎前理事长洪鸿儒先生历经战乱，自海外安全归来。

位于今大同中学附近的“妙法林”是 1946 年中共闽中地下党厦门工委领导机关秘密驻地。

1948 年 5 月 28 日，厦门市大中专学生冒雨联合大游行，反对美国扶植日本复活军国主义，沿途散发传单，高唱《团结就是力量》等革命歌曲。

图为国立侨民师范学校女生参加示威游行

游行队伍经过中山路、大中路口时高呼“打倒美国帝国主义”、“坚决反对日本复活军国主义”等口号。

Overseas Chinese and Taiwanese Compatriots

第七章 Chapter 7

侨台亲谊

厦门是中国著名的侨乡和台胞主要的祖籍地，也是福建华侨和港澳台同胞出入国境的重要口岸。远在17世纪，厦门人就已漂洋过海前往台湾及南洋群岛谋生。他们在当地辛苦耕耘。鸦片战争后，华侨人数与日俱增。华侨在事业有成或垂暮之年，眷念桑梓，将其历年积累带回厦门，投资建业，颐养天年。

厦门与台湾一衣带水。几百年来，两地互通有无，交往频繁。1926年台湾殖民当局的户籍统计资料显示，80%以上台湾同胞的祖籍地在厦门邻近各县，这种地缘和血缘的因素，决定了厦门与台湾的特殊关系。日本帝国主义侵占台湾期间，好多台湾同胞先后回到厦门定居，其中有些人在厦门求学、工作或经商，还有些人参加革命组织，为台湾回归祖国怀抱进行不懈的斗争。

这一组老照片，体现了侨胞和台胞与厦门人的亲缘戚谊。

厦门人叶清池，又名叶崇禄，1862 年南渡菲律宾，经数十年的奋斗，终成巨富。1897 年回故乡厦门，曾捐款兴建厦门同文书院校舍、捐助厦门女子公学、华侨女学。图为他当年在建中的颐园别墅。

位于今新华路市公安局对面的厦门台湾公会会所

厦门台湾公会为旅居厦门的台湾同胞的同乡会，创建于1906年。初设于和凤宫旁，后来迁到小榕林。1925年，会员捐资在民国路（今新华路）购地兴建新会所，图为旧台湾公会会所。

日本占领厦门期间，将台湾公会改名为“台湾居留民会”，图为1939年6月“台湾居留民会”举行第一次全体会员大会的合影。

民国初年创办的旭瀛书院，招生对象主要为居住在厦门的台胞子女。图为日本占领期间在今新华路公安局警官俱乐部近邻兴建的旭瀛书院校舍外观。

1914 年的厦门旭瀛书院小榕林校本部

1937年当代著名高僧弘一大师（中）在厦门与虞愚（右）以及住厦台胞知名人士蔡吉堂（左）两位弟子合影。

1917年，厦门名医台胞蔡世兴在今大中路创办“世兴博爱药房”，行医兼售药。

1936 年台湾同胞在厦门拍摄的结婚照

颜兴，台南人，在厦门开设“光华眼科医院”，抗战爆发后回台湾。图为颜兴的家族照，相片中后排正中即颜兴。在他右手边的是他大儿子颜世鸿，颜世鸿是一位内科医生，出生于厦门，现居住在台南。

台胞在厦门开设的水果市场，经营香蕉、甘蔗等批发。

地方戏曲歌仔戏源于福建龙溪地区，清代传到台湾，成为闽台两地群众喜爱的民间戏剧。20 世纪 30 年代台湾歌仔戏在厦门演出，图为著名歌仔戏旦角赛月金的戏装。

1. 20 世纪 20 年代初期，厦门大学创办人、爱国华侨领袖陈嘉庚（左一）和来自新加坡的华侨知名人士林义顺（中）等，在厦门大学校长林文庆（右一）的陪同下，参观厦门大学。

2. 1898 年创办的同文书院，其董事会成员以华侨富商居多。图为 1915 年前后董事会叶清池与部分教师的合影。

3. 曾任中国华侨联合会主席、全国人民代表大会常务委员会副主任委员、中国人民政治协商委员会副主席等职务的庄希泉祖籍安溪，出生于厦门，其父在台湾经商，寄籍台湾。20 世纪 20 年代庄希泉和夫人余佩皋在厦门创办“厦南女子中学”。图为庄希泉夫妇当年在厦门的“合家欢”照片。

当代著名科学家和教育家，中国科学院第三任院长，曾任全国人大常委会副委员长卢嘉锡，祖籍福建长汀。先辈移居台湾，日本占领台湾后，其父激于爱国义愤率领全家内渡定居厦门。卢教授 1915 年 10 月出生于厦门，青少年时代在厦门求学，1934 年毕业于厦门大学。图为 1937 年 4 月厦门大学算学、化学会联合会欢送卢嘉锡公费留学英国的合影。

林云梯于清末南渡菲律宾，经过几十年的拼搏奋斗，终于成为著名的侨商，有“棉布大王”之称。其子林珠光继承父业，热心家乡公益、文教事业，于厦门市郊前埔乡创办以父亲名字命名的云梯学校。初办时设有幼儿园、小学、初中和中等职业班，1938 年厦门沦陷，校舍被日军拆毁。

清末民初，海外华侨纷纷回乡创办学校，培养人才，表达他们爱国爱乡之情。图为华侨陈庇苍等捐建的厦门市郊殿前小学。

抗战前印尼华侨吕隆兴、陈钦典赠送厦门市侨务局的小汽轮

1933年菲律宾侨领李清泉、于以同等在厦门考察时的留影

20世纪30年代初，印尼三宝陇华侨归国观光团莅厦参观、访问。

1946年12月初，菲律宾华侨“黑白”篮球队前来厦门进行友好访问比赛。图为该队领队蔡联发（后排右六）暨全体运动员与厦门篮球劲旅“群星”队（穿白背心者）领队及队员合影。

Social Life

第八章　Chapter 8

社会风情

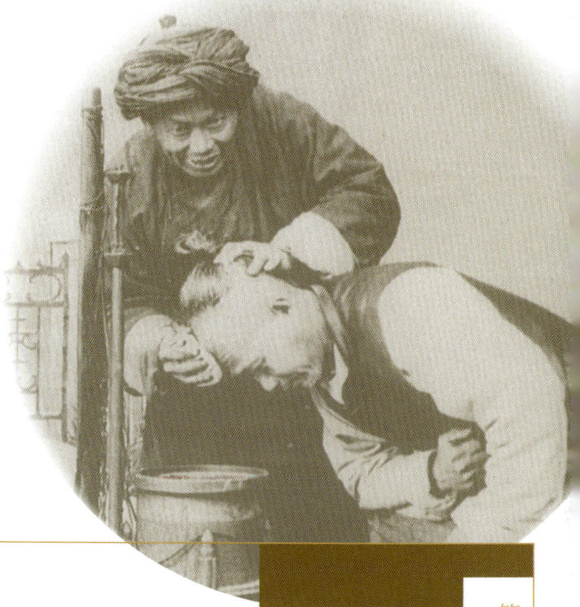

收入这一组的老照片，涵盖厦门的居民生活、宗教活动和饮食、服饰、婚礼、丧葬等风土习俗，内容广泛。

厦门的人口中，汉族人口占95%以上，回族等兄弟民族人数不多。早年的厦门人，其祖辈来自祖国的四面八方，原先各自的民俗风情不尽相同，但久而久之，在相互交流中逐渐融合。近代西方文化的输入以及华侨带回的异国情调，都对厦门人的生活和习俗产生过一定的影响，从而形成厦门多姿多彩的社会风情。

清末民初厦门有钱人家母与子合影

20 世纪二三十年代厦门缠足妇女

民国年间厦门的侨眷一家人

1920年代厦门有钱人家的全家照

清末民初时尚男装“长衫马褂”和照相馆的时尚布景

民国年间厦门小孩游戏捉迷藏

民国年间让幼儿酣睡的摇篮

1908 年美国舰队访问厦门，官兵从厦门寄出的明信片上的小孩，其着装代表了当时儿童冬季服饰的主流风格。

民国年间厦门的平民家庭，小孩都会参与力所能及的家务劳动。图为小孩抬篮子，一前一后。

1892 年一位外国人拍摄的厦门孤儿院儿童。

民国年间厦门郊区农村的小孩，最感兴趣的是卖零食小贩的到来。

清末厦门人的亲友小酌

清末民初厦门人家庭用餐

南普陀寺始建于唐朝，历经五代至明末，兴废不一，先后有泗洲寺、泗洲院、普照寺等寺名。清康熙二十三年（1684 年）由靖海侯施琅重建，改名为南普陀寺，是闽南著名古刹。

位于公园南路玉屏巷的伊斯兰教堂，始建于清朝道光年间，1924 年扩建，20 世纪 50 年代重修。

1 2
3

1. 厦门天主教堂建成于 1860 年，堂址在今磁安路，是一幢罗马式双钟楼教堂。

2. 竹树脚礼拜堂，在今开禾路，由美国归正教会牧师倡建于 1850 年，以所在地竹树脚命名。

3. 新街礼拜堂在今中山路、思明南路的中华城。为美国归正教会的牧师筹资兴建的，1848 年竣工，是近代中国最早兴建的基督教堂，被称为“中华第一堂”。

民初建于小走
马路的基督教青年会

民国年间基督教泰山堂教友合照

清末民初佛教家庭的诵经拜菩萨

清末一个基督教家庭的合影

图为一户姓常的信奉伊斯兰教的家庭在其寓所前合影

姓常的回民望族的小孩穿长袍、马褂，戴瓜皮帽，与汉族没什么差别。

1. 今思明北路打索埕的福茂宫，供奉清水祖师。
2. 福茂宫清水祖师神像沿街巷出巡。
3. 仙祖公宫。

厦门沦陷期间，民不聊生，贫民在破落的院子里养猪。

厦门沦陷期间，住在厦门港关刀河的一户孤寡老人

居住于南砖仔埕横
巷的一户贫民

住在厦门港的妇女
在南溪仔边洗衣服

厦门港南溪仔
墘的一户平民

厦门港金新街福海宫前的旷地，是附近居民茶余消闲的地方，周边街道多露天摊贩。

厦门养老院创办于1928年，抗战爆发后因经费问题等原因停办，抗战胜利后的1945年10月复办，改名博济院。

清末码头上的流动小贩

妇女小贩带着小孩走街串巷叫卖

民初厦门街头的小挑贩

民国年间的普通民居

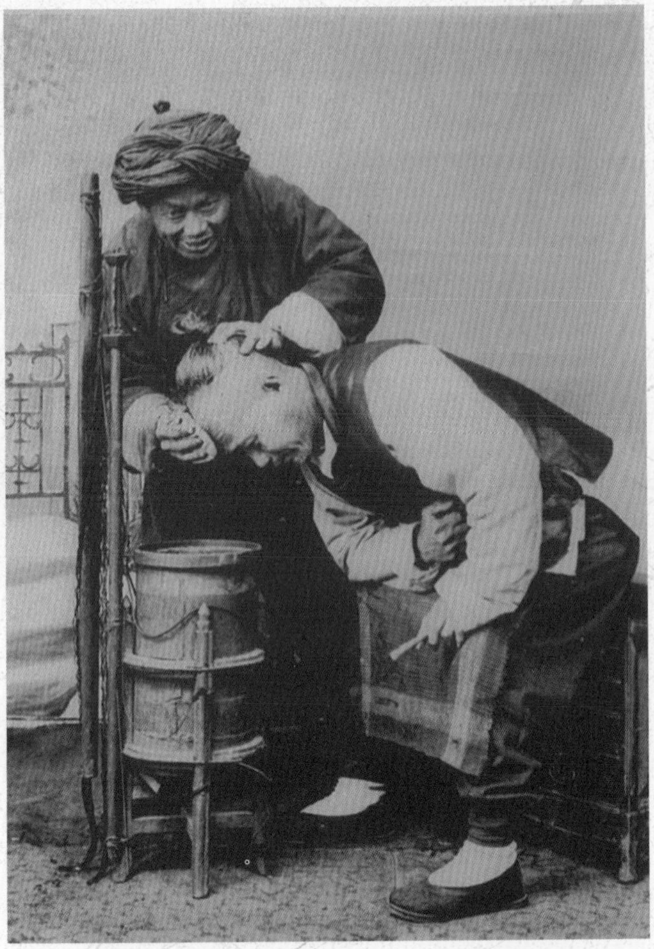

清末厦门的流动理发摊

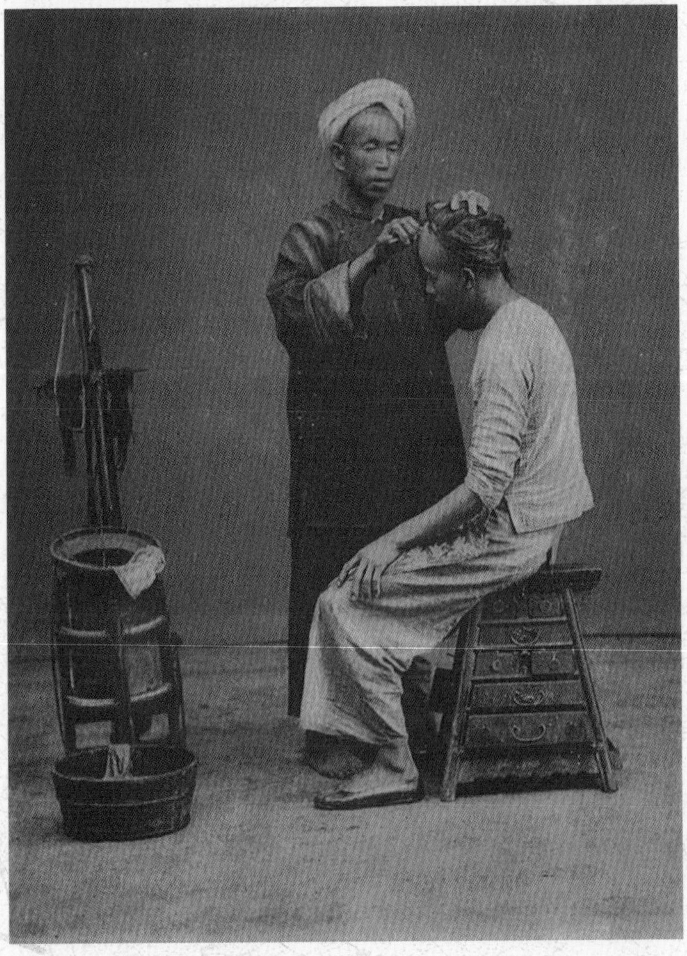

厦门街头的理发师傅

厦门街头的补鞋匠

妇女操作织布机织布是民国年间厦门普通家庭常见的副业。

1925 年海关码头的搬运工人

抗战前厦门的主要交通工具——人力车

每逢端午节，厦门人有龙舟竞赛的习俗。图为抗战前厦鼓海域的龙舟赛画面。

厦门郊区农村用牛拉磨碾米

郊区农村的农民在犁田

清道光《厦门志》有厦门人嗜赌陋习的记载，这是抗战前厦门民间成立的“泰山拒赌会”成员的合影。

抗战胜利后的交通部电信工会成立大会合影

20 世纪 30 年代前期，厦门妇女会举办“妇女问题演讲竞赛”，图为赛后颁奖时的合影。

民国年间的厦门消防队

厦门人传统的婚嫁礼节，女方要在男方迎娶前选择良辰吉日先送嫁妆。嫁妆主要为各项生活用品，丰盛或俭朴视女方家长财力而定，内容不一。嫁妆置于一种长方形木制的“櫶”内，两人抬着，排成长队，以鼓乐为前导，由“送嫁姆”（媒人）带领，经闹市送往男方家里，沿途吹吹打打并燃放鞭炮，引人围观以炫耀身份。

按照旧式传统的婚娶仪式，结婚当日新郎从家中出发，由“媒婆”和陪同的戚友乘轿组成彩轿队伍，以悬挂有两盏红灯笼（写有男方姓氏为标志）的轿子为前导，沿途敲鼓奏乐，燃放鞭炮，前往女方家迎娶新娘。

这是1933年元旦一对新人在厦门大学举行婚礼的照片，新郎张炎是十九路军的一名师长，“闽变”时任人民革命军第四军军长。新中国成立后，被追认为革命烈士。新娘郑坤廉曾是广州中山大学校花，随夫抗日征战，曾任新中国的政务院参事、民革、民盟中央委员。

1935年9月1日在市府大礼堂举办第一届集体婚礼。1936年1月举办第二届，第三届于1935年4月1日举办。图为第一届集体婚礼的合影。

这是1937年1月3日卢敬亭与张月云结婚典礼与亲友的合影。卢敬亭是卢嘉锡的堂兄，20世纪60年代曾在福建师范大学任教。卢家是厦门名门望族，当年参加婚礼的来宾有厦门总商会会长洪晓春，厦门名诗人、书法家李禧，台湾举人、曾任民初厦门中学校长的王人骥等。站在新郎、新娘背后正中的长者为洪晓春，左为李禧，右为王人骥。

富商绅士家庭的丧葬仪式，讲究排场，有西乐队、中乐队，还有魂亭路祭。

魂亭

路祭

出殡式有两支乐队开路。

丧葬后，有些富人丧家还有“烧灵厝”的习俗。

基督教家庭丧礼仪式

1932 年的清明节，厦门名诗人、书法家陈桂琛率全家男女上坟祭拜先祖。

后记

厦门是近代中国最早出现摄影和照片的城市之一，留存着诸多珍贵稀见的历史影像。我生于厦门、长于厦门，长期酷爱厦门地方报刊文献等资料的搜集、收藏和研究，也不时挖掘和利用一些老照片资料解答了社会各界征询的历史谜团。1999年，我主编《厦门旧影》，由人民美术出版社于同年9月出版面世。弹指一挥间，十五个年头过去了，读者已不能在书店里买到《厦门旧影》，因而时常有喜爱厦门老照片的读者写信、打电话给我，希望《厦门旧影》能够再版，或重编一本类似的图册。

面对读者的厚望，我邀请陈亚元、洪明章两位厦门知名的收藏家合作，于是选编这本《厦门老照片》。书中图片一部分取自《厦门旧影》，另一部分由陈亚元、洪明章提供他们珍藏的老照片。全书的文字说明由我执笔。这里所说的老照片，是指1949年以前的旧厦门照片。而且，不包括鼓浪屿。鉴于近代以来鼓浪屿地位的特殊性，我们计划另编一本《鼓浪屿老照片》，更加全面、集中地反映鼓浪屿的风土人情。

在本书的编纂和出版过程中，厦门大学图书馆、厦门市图书馆、厦门台胞联谊会原会长卢绍荀、台湾成功大学历史系林德政教授、美籍华人紫日、柯石开、王锦山、厦门知名摄影家陈茂盛、洪樵甫、白桦和厦门藏友刘瑞光，洪凯杰、林以诺等亲朋好友给予多方支持，或赠送照片，或建言相助，谨此表示衷心的谢忱。厦门大学出版社蒋东明社长热忱指导，大力推动出版，薛鹏志、蒋卓群等编辑付出了几番心血，叶啊环、蔡恬恬等承担了大量编务工作，这些都是我应该铭记和感谢的。

洪卜仁

2014年9月

图书在版编目(CIP)数据

厦门老照片/洪卜仁主编.—厦门:厦门大学出版社,2014.10
ISBN 978-7-5615-5061-8

Ⅰ.①厦… Ⅱ.①洪… Ⅲ.①厦门市-地方史-史料-图集
Ⅳ.①K295.73-64

中国版本图书馆 CIP 数据核字(2014)第 090916 号

厦门大学出版社出版发行
(地址:厦门市软件园二期望海路 39 号 邮编:361008)
总编办电话:0592-2182177 传真:0592-2181253
营销中心电话:0592-2184458 传真:0592-2181365
网址:http://www.xmupress.com
邮箱:xmup@xmupress.com
厦门市金玺彩印有限公司印刷
2014 年 10 月第 1 版 2014 年 10 月第 1 次印刷
开本:787×1092 1/12 印张:15
字数:250 千字 印数:1～3 000 册
定价:80.00 元